महाभारत की कहानियाँ

चौपड़ का खेल

सुभद्रा सेन गुप्ता

Om KIDZ
An imprint of Om Books International

जब कौरवों ने पाण्डवों से इंद्रप्रस्थ छीनने का षड्यंत्र रचा तब शकुनि ने दुर्योधन से कहा, "क्या तुम्हें ज्ञात है कि जुए का खेल युधिष्ठिर की दुर्बलता है?"

दुर्योधन ने हँसते हुए कहा, "हाँ, मैं जानता हूँ। वह एक बहुत ही दुर्बल खिलाड़ी है और हमेशा ही खेल में पराजित हो जाता है।"

शकुनि ने कुटिल हँसी के साथ अपना सिर हिलाया और कहा, "बिल्कुल!"

दुःशासन को आश्चर्य हुआ और उसने पूछा, "युधिष्ठिर के साथ चौपड़ का खेल? क्यों?"

शकुनि ने विस्तार से बताते हुए कहा, "मैं उसके विरोध में खेलूँगा और वह पराजित होता जाएगा। इस तरह मैं उससे इंद्रप्रस्थ नगर को दाँव पर लगाने के लिए बाध्य कर दूँगा।"

शकुनि ने दुर्योधन एवं दुःशासन को वे पासे दिखाए जिनका वह प्रयोग करने वाला था।

शकुनि ने कहा, "ये पासे बिल्कुल तैयार हैं। वे बिल्कुल उसी तरह पराजित होंगे जैसे मैं चाहूँगा। मैं आश्वस्त हूँ कि विजय मेरी ही होगी।"

दुर्योधन ने युधिष्ठिर को चौपड़ के खेल के लिए आमंत्रित किया और युधिष्ठिर मान गए। इस आयोजन के लिए सभी कौरव एवं पांडव हस्तिनापुर के महल में एकत्रित हुए।

चौपड़ का खेल प्रारम्भ हुआ। युधिष्ठिर के सामने कौरवों की ओर से शकुनि खेल रहा था।

शीघ्र ही युधिष्ठिर की हार होने लगी। युधिष्ठिर भूमि एवं धन दाँव पर लगाने लगे। फिर पराजय के भय से उन्होंने पहले स्वयं को और उसके बाद अपने भाइयों को भी दाँव पर लगा दिया और हार गए।

शकुनि ने युधिष्ठिर पर हँसते हुए कहा, “तुम सब कुछ हार चुके हो! तुम बिना राज्य के राजा हो, युधिष्ठिर! अब दाँव पर लगाने के लिए तुम्हारे पास क्या है?”

युधिष्ठिर ने सभी को हैरान करते हुए कहा, “अब मैं अपनी रानी द्रौपदी को दाँव पर लगाता हूँ!”

सभी के विरोध करने के बाद भी युधिष्ठिर ने द्रौपदी को दाँव पर लगा दिया और एक बार पुनः पासे के खेल में पराजित हो गए। दुर्योधन ने विजयी हँसी के साथ चिल्लाते हुए कहा, "द्रौपदी अब मेरी दासी है! दुःशासन, उसे यहाँ लेकर आओ!"

दुःशासन रोती-बिलखती हुई द्रौपदी को उसके बालों से पकड़कर घसीटते हुए सभागार में ले गया। वह यह देखकर निराश हो गई कि वहाँ उपस्थित सभी कौरव, पांडव, भीष्म, धृतराष्ट्र असहाय होकर यह सब देख रहे थे और कोई भी उसकी मदद के लिए नहीं आया।

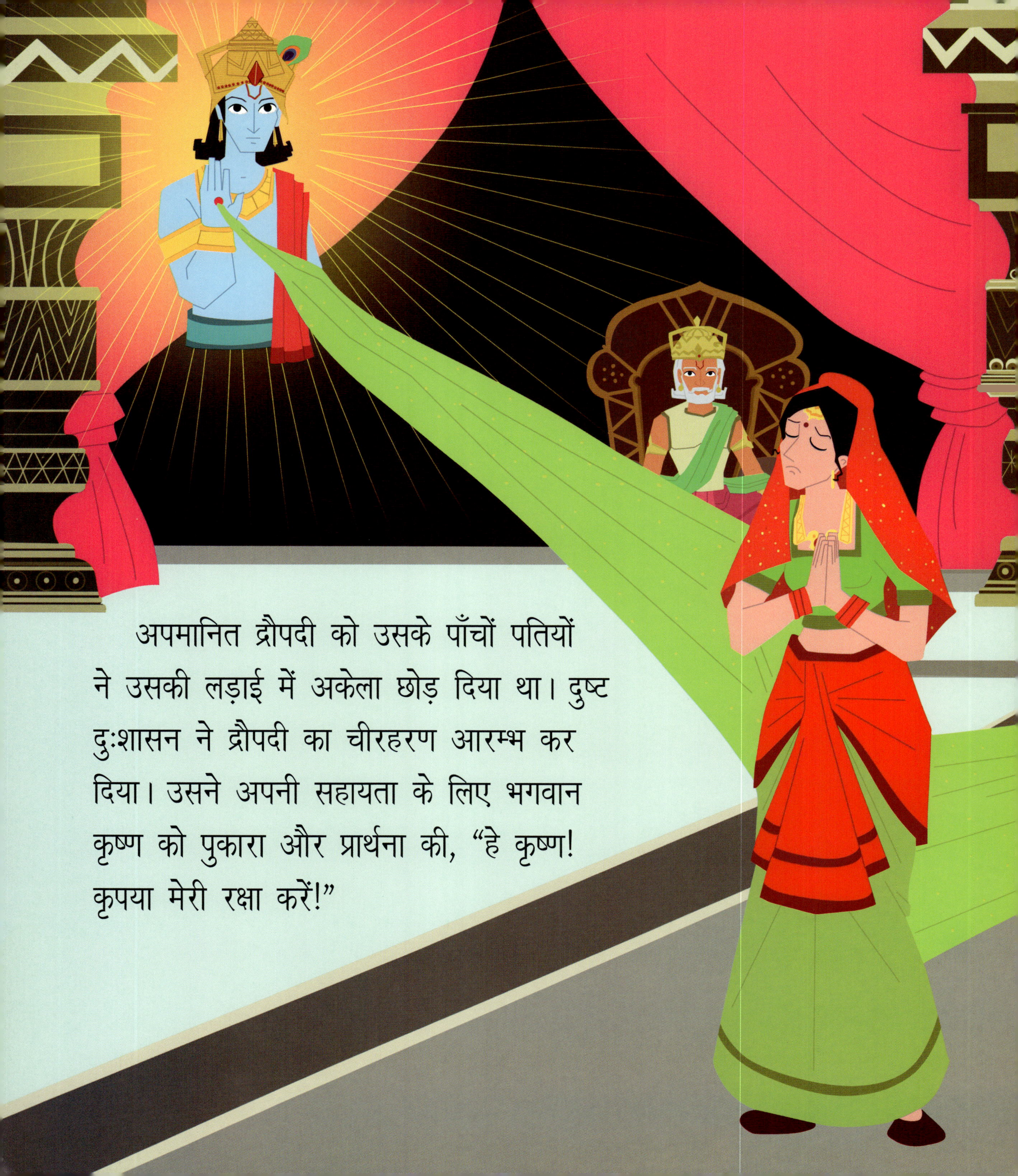

अपमानित द्रौपदी को उसके पाँचों पतियों ने उसकी लड़ाई में अकेला छोड़ दिया था। दुष्ट दुःशासन ने द्रौपदी का चीरहरण आरम्भ कर दिया। उसने अपनी सहायता के लिए भगवान कृष्ण को पुकारा और प्रार्थना की, "हे कृष्ण! कृपया मेरी रक्षा करें!"

द्रौपदी को बचाने भगवान कृष्ण आए। दु:शासन द्रौपदी की साड़ी खींचता जा रहा था और द्रौपदी का शरीर वस्त्र के अंतहीन प्रवाह में लिपटता जा रहा था। शीघ्र ही दु:शासन थककर मूर्छित हो गया। इस प्रकार द्रौपदी की रक्षा हुई।

अंत में भीष्म ने द्रौपदी का पक्ष लिया और कौरवों को फटकार लगाते हुए कहा, “तुम सभी एक ऐसी स्त्री का अपमान कैसे कर सकते हो जो हमारे ही कुल की है? चौपड़ का यह खेल रद्द होता है और युधिष्ठिर ने जो कुछ भी हारा है, वह सब उसे वापस कर देना चाहिए।”

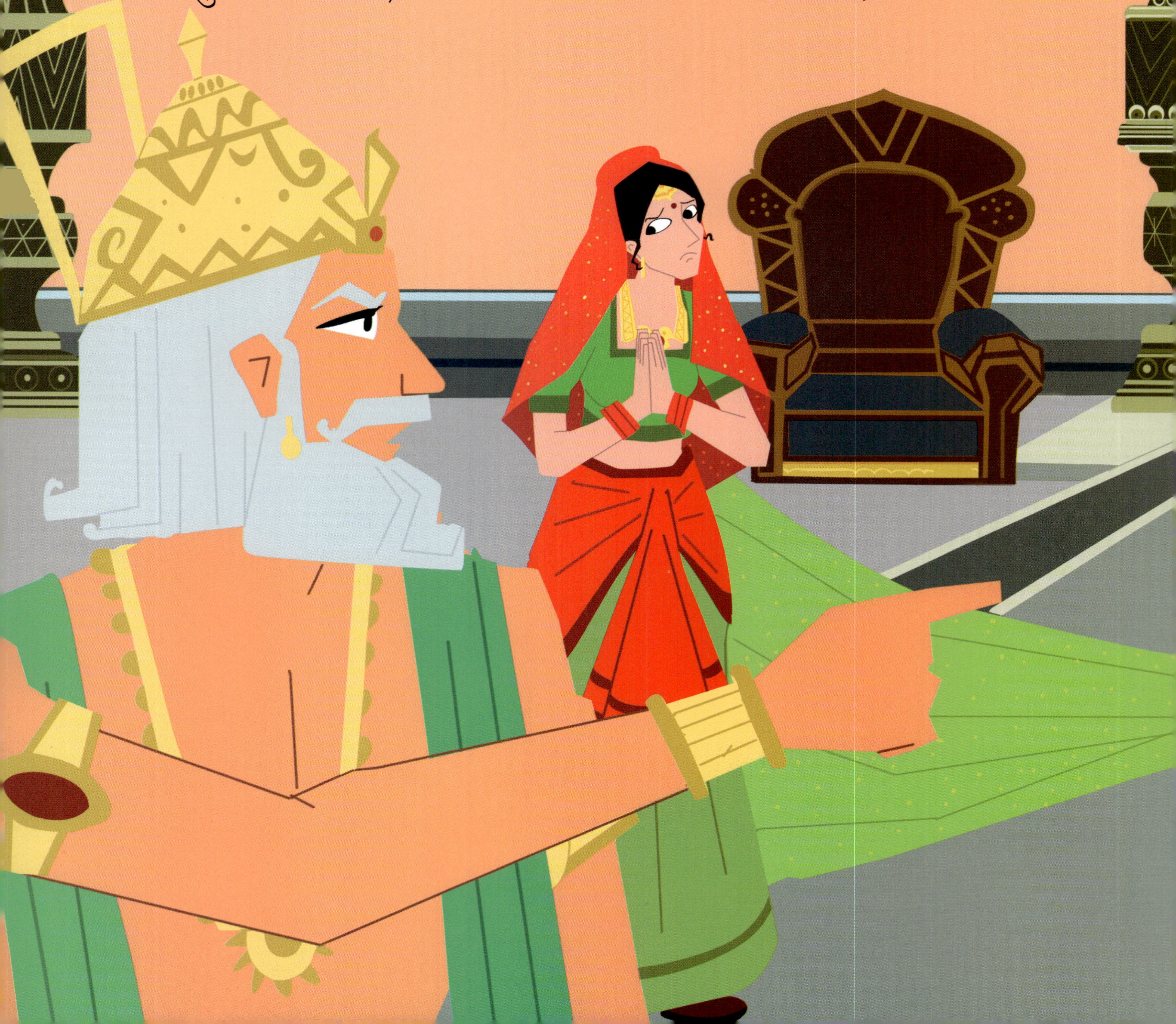

दुर्योधन बहुत दुःखी था और उसने धृतराष्ट्र से विरोध करते हुए कहा, “चौपड़ के इस खेल में हम विजयी हुए हैं और अब इंद्रप्रस्थ हमारा है। पिताजी! हस्तिनापुर का युवराज कौन है, मैं या युधिष्ठिर? एक साम्राज्य में दो युवराज नहीं हो सकते।”

भीष्म द्वारा चौपड़ का खेल निरस्त करने के कारण धृतराष्ट्र बहुत दुःखी थे। उन्होंने निर्णय लिया कि युधिष्ठिर को एक बार पुनः मूर्ख बनाया जाए। उन्होंने दुर्योधन से कहा, "पांडवों को एक बार पुनः चौपड़ के खेल के लिए आमंत्रित करो और सुनिश्चित करो कि शकुनि उन्हें दोबारा इस खेल में पराजित कर दे।"

दूसरा आमंत्रण इंद्रप्रस्थ आया और अपने भाइयों और द्रौपदी को हैरान करते हुए युधिष्ठिर ने दोबारा आमंत्रण स्वीकार कर लिया और उस खेल में एक बार पुनः पराजित हो गए।

उसके बाद धृतराष्ट्र ने तय किया, "पांडवों को अगले बारह वर्षों के लिए वनवास में जाना होगा। तेरहवें वर्ष में उन्हें अज्ञातवास में रहना होगा।

"यदि पहचान लिए गये तो उस स्थिति में उन्हें पुनः बारह वर्षों के लिए वनवास में जाना होगा।" पाँचों पांडव एवं द्रौपदी इंद्रप्रस्थ छोड़कर अपने वनवास के लिए वन की ओर प्रस्थान कर गए।